12,95
2L

POLAR I

POLAR I

JAHZEEL ACEVEDO

Valparaíso
EDICIONES

Número 539 de la Colección VALPARAÍSO DE POESÍA
dirigida por FEDERICO DÍAZ-GRANADOS

Diseño de la colección: Chari Nogales

Maquetación: Ciclo Creativo

Primera edición: enero de 2026

 ISBN: 979-13-88007-20-0
 Depósito Legal: GR 111-2026

 Impreso en España - *Printed in Spain*
 Gráficas Gami

POLAR I

Este libro va dedicado a:
Afrodita, que en mis sueños teje los besos de los días
del amor que me hace florecer.
Wendy, el amor de mi vida, que en el silencio me haces palpitar.
Jaqueline, que permaneces en mis oscuridades.
Leonora, luz de la oscuridad más profunda.
Al maestro Renán, salmón poeta, poeta en el río, herida a dos yoes.
A mis padres, muros de tiempo.
A mis maestros, Brambila, Edmundo y Manuel Pereira; demiurgos
alquimistas de palabras ocultas.
A mi amigo Fernando Valverde, por la amistad mística en la que nos
une la poesía. Gracias por hacer realidad este sueño.
A los gatos amarillos, mis amigos, con los que he trazado caminos.
A Luz, que moriste en el camino, que moriste en mí mismo. A ti, que te
hubiera gustado ver esto.

Un Gato Amarillo

CONCRECIÓN SOLAR

El rezo mudo

Mandala solar
se clava en
tu memoria
dando a luz
piel
de silencio

Un elefante blanco
crece en el vientre
del universo
esperando
a barritar
la cruz de tus labios

en nuestros huesos
el polvo soñó

X

Concreción Solar
Solaris et pluvia

Los elefantes blancos soñaron el cielo
construyendo sendas de agua entre el hombre
y la divina gracia

Los hombres aprendieron a tejer en sus colmillos
esteras de finas plumas,
ellos rompen en relámpagos
la voz universal

el sol duerme
construyendo imperios
invisibles

nos abraza el agua

XX

Concreción Solar
Blanco

(espacio)

(es pacio)

(es pa cio)

(es pa ci o)

(e s p a c i o)

(e s p a c i o)

VIII

Nace el reflejo
          circumental
                    del universo
                              en los cuernos
                                        se descubre a sí mismo

                              c
                              o
                              m
                              i
                              e
                              n
                              z
                              a

XIII

Partir
el frío de la tierra
seca la raíz
otra vez
arrancando
el ego
que circunda
el laberinto
aquel

viaje

donde no hay ciudades
solo uno
ante

sí

V

Mar
      arroja la sangre
            en la boca
                  estrechando
                  remolinos
                      la cordura mengua
caminando
regresa
a la fisura
      Mar
          En mar
            Amar
              enaltece la fuerza de tu cuerpo
              transgrediendo la ira
              donde los huesos
              cortan
        la fugacidad
Mar de furias
pasar de la noche
crea en tu
espuma el cuerpo
delineado
forjhado
en el cimiento
la ira

BESTIARIO SOLAR

Fisura

muerte
ojos
apenas
luz
costillas

nos llaman
a ser noche

para
partir
a la memoria
blanca

Sol

Par)énte(siS
al sueño
arrebata
de su mundo
bajo él
olvido

emprende
con el ardor
la mirada
extinta
quiso ser cenizas

carcomen
las bestias
la divina carne

gruñe
el universo
en su muerte

no brilla

el fuego
en las entrañas
renace al día
quebrantando
la onírica apertura

su cuerpo
deja el solar pulso
para coronarse
de estrellas

Sil)en(cio

ORTUS SOLAR AGONIS

Nacimiento de la agonía solar

I

El cuerpo
extrae
un amanecer
con la agonía
del sacrificio

la sombra
deja su nombre
tatuado en el suelo
muere
con el olvido
sujeto a su cuello

Nace mi abismo
en lo que fueran
las entrañas
con el respirar
atormentado
ya no siento
me extingo
con la corona
 ya no arde
el símbolo del día
incinera

con la lengua cortada
lo que ya no continuará
ahora
soy
bestia

no hay
comienzo
todo cae

cicatrizan las palabras
cada parte de mi carne
en la ensoñación
de este hueco

¿Quién se
coronó
con la amargura
de la sangre
oxidada?

Agacha la mirada
 ahora eres humo
tu cuerpo
se desintegra

II

El sol nos arranca
la mirada
y toda la calma
nos hace fluir
el cuerpo tiembla
en el polvo
sueña
con las primeras luces
del nuevo mundo

nace el Dios
arde
con los labios
cocidos

III

Es la herida
nos cubre
de luz

todo cae
en la breve
cicatriz de las estrellas
se corona
pero la enfermedad
le mata poco a poco
sus labios amarillos
le martillaron
el destino
de su nacimiento
ya no hay más
silencio

aquí el punto rojo
guarda el blanco activo
comienza
sin preámbulos

todo el silencio

gélida
costumbre
de bajar
la frente
a la nada

REY MUERTO

Teme
la muerte
del progenitor

el musitar
se resquebraja
en los puntos
solares
de la voz

agachando la mirada
buscan la sangre dorada
del emperador

mañana
todos correrán
a los brazos del fuego

rasguña
la luz hasta quedar
sin aliento

los dioses
morderán con furia
el latido de los días
se acaban
los primeros indicios

la fragilidad del rey
pinta de amarillo
los dedos y los ojos
de sus súbditos

el hambre carcome
a la tierra

fue vida
deja una mancha roja
en los pies
 de un dios mudo
los rezos le acariciaron
siendo plumas efímeras

quien fuera antes luz
ahora baja a los reinos que ya no domina

en su cuerpo ya no se nombran
los momentos de abatimiento

solo le acaricia su faz

CEMENTERIO DE
LOS ELEFANTES ONÍRICOS

Los huesos crecen en tierra curtida
formando laberintos abrumadores
el polvo manifiesta su inconformidad
tejiendo remolinos de agonía

Profiere su último barritar
al caer su respiración se vuelve inaudible
parte un latido en piezas de sueño
enramando el vientre azul
con sus ojos partidos
en altamar

 arrastra
el reflejo en la piel gris;
silencio pulverizado
de labios vacíos

el sueño clava sus dedos
en la espina dorsal
abriéndose ante el dolor

I

Ilumina mi pecho
con ardiente mirada
buscando la oscuridad
a la cual someter
el perdón divino

fuiste el hijo
en que la cruz
rompió los lazos

penitente
exuda tu boca
con palabras afiladas

teje las nubes con tu voz
a cada horizonte
con la sangre de tu labio
abre los caminos de un atardecer

cae
entre tus huesos
el polvo del cual naciste
siendo el sacrificio
teñido

II

El borde la música de Caín

Al despertar las manos atardecidas
de Caín tejían la pesadilla
inquietaba su alma
porque algo se le había revelado
siendo así el principio de todo mal

un elefante en llamas
se presentó ante él
y sus huesos comenzaron
a mostrarse
bajo las flamas
por fin habló
pero su voz
era incomprensible

un querubín
descendió con una espada
hecha de hueso
el fuego se volvió
más intenso
sintió
cómo el calor le carcomía

su frente se marcaba
con el signo de una maldición

solo quedaba
una voz resonaba
en su conciencia
al tiempo de sentir
el ardor en sus manos

"ahora tú poblarás la tierra;
eres el dador de carne
que renovará el pacto
de nuestra sagrada progenie
que continuará
con los hombres"

entonces le fue dada la libertad
pero al intentar salir de la gruta

se dio cuenta
de que él había matado a su hermano
mientras sus lágrimas
le quemaron la cara

negó a su Dios
para ir corriendo al primer precipicio
adonde pudiera terminar
con la procreación divina
extendió sus brazos

para caer en un barranco crispado
mas no murió

en venganza procreó
a la raza divina
con la carne de su hermana

su primer hijo se llamó
Abel

BESTIARIO

Hombre

Antes de nacer
una mancha blanca se deslizaba
en los bordes del universo

su vacío fue una rendija
poco perceptible
en la eternidad de la creación;
aquel ser diseñó de los desechos
de la gran obra
a un ser que podría cambiar
con su voluntad las leyes divinas

con el tiempo aprendió
a ver más allá de la oscuridad
para luego destrozar
los nexos divinos con su creador

al escapar fue presa de su carne
la que se pudría lentamente
quedando ennegrecida

después conoció a la Muerte

la testa permanecía
sumergida en el polvo

Dios encontró a su obra
sucumbida en la inmundicia

resolviendo plantar una semilla de ese ser

será un recordatorio
del perjurio de su más alta creación

gris es la ceniza dónde el fuego
ha tenido a bien nacer
consumiendo a su paso
cada cosa por razones
celestiales debe de reconstruirse

el hombre fue creado de la flama divina

pero de ella soloaprendió a destruir

aquesta pesadumbre

nos sucumbe al frío

inconmovible es la voz de Dios
que nos estrangula

Nacimiento

La luz manifiesta
una herida que arranca
la raíz del cosmos

NACIMIENTO EN FE MORIR

La vida se arremolina
al vientre contraído
de las simientes
heliofisuradas
a la respiración
acabada en un monitor

entonces mi cuerpo

será una gota del iris
para nacer en la fe
del silencio

en la inmune
palabra

NACIMIENTO EN FE SOLAR

El sol nos quemó las entrañas

ORACIÓN ANIMAL

Al despertar
todas las voces
se repitieron en una letanía

el espíritu
moría lentamente

el veneno había sido ingerido
ahora la consciencia bestial
nos embestía hasta morir

temblando

el arcoíris de tu cara
se fragmentó en el camino
insignificante
del ser

ORACIÓN HUMANA

Hubo en el amanecer
una marca que nos
decía el morir
la trémula voz

repite un nacimiento

                               las manos llenas de luz

BESTIARIO CÓSMICO

Se cubrieron los ojos
hasta que la ceniza se levantó

quemando todo el tiempo
con el respirar

el cabello se enredó
en las costillas lunares

transformando
las coronas celestiales
en piedra

Teje
leones de alfiler
sosegando
aquella voz
bajo la bruma

los sentidos
se bifurcan

encuentra
caminos

el cuerpo arde

la vista nos llama
entró
el palpitar
universal

oscilando
el éxtasis
nos arrastrara
para arrodillados

plegando la oración
abrirá las alas
aniquilando
nuestra vida

marcha
en la cual la luz
nace

(   )

RINO

La mano de la creación divina
no contuvo las ganas de matar
acaba con su propia vida

no hay retorno

INTEMPESTIVO

Hueco: Estrecha ruptura
a la vista indestructible
punto que ecos abre
en el remanente extinto

Calma: Pensamiento
de estela enredada

Catástrofe: Peldaño en brisa
alumbra transparente
cicatriz lo que rompe
no espera
vertical

UNO

Extiende
fría la espesura

desentraña
al caer todo
destello
reintegra
hasta desquiciar
todas sus partes
suspendiéndose en caricia furtiva

Tiembla, tiembla derrumbase
éxtasis
              evaporado

DOS

sumerge
escaleras de oxígeno
levantando sus alas
danza
      materia
filo en destellos acuarianos

GATO

curvexo

        convulsiona

                  dentro

       de sus oídos

    empequeñece

agarriciando

estrellado

cosmos

Soledad

tragarraudales
        de frío
                tiembla
                fuga de vapor enlabios azules
        no deja el pensamiento
    manos esteparias
amoratadas quemándose
            inmóvil pensamiento mas
                            trémulos
                de arrebol

XA

Primer
mar acantilado
es voz

siente bien la
extrañeza
venazules
enrarecidas
acariciando
helalma

tormenta

éxtasis

flores blancas
ensueño
principio que delimita
la verdad
de un infierno

espiral

I

Clava
late en nervadura
cresta
tu anchura explota

                       en mente de
arboledas celestes
levanta las manos para no soñar

éter sanguíneo
no temas

ojo catártico
 revienta
cada célula
 es porhada

II

En otra vida
los universos se juntan
crea en la mente
voz fantasma
en estructuras quebradas
brilla con intempestiva aura
su cara escondida
atrás de un árbol mece armiños
de ojos rojizos
pupilas blancas
en la memoria no habitan
ideas de fuego
cubre audaz cometa
escarcha
luz en piel
aguamanos
evaporan
hilos de viento
un suspiro
sueña
su cuerpo
respira color
en sus dedos
sin límites   siendo solo ella

III

Late

        un cuerpo

           despierta

               maquinaria carnal

               bautismo desfragmentado

       ilumina la esfera de mis dedos

                ansia de Dios

                    cruz

                    virtud nocturna

          tus ojos

no se sienten arder

            esos labios

               tierra

IV

La luz
baja
punto neutro de la memoria
procesión
verdad desnaturalizada
se muestra
la frente desafiante
incolora descompone
tu latir

medio
afonía de
distante viento
esa cruz trozada es fuego
tu pecho abre
silencio

V

Desde la base
lleva alas
sueños a cuestas de Dios
una pizca de nube
los páramos más profundos
deliberan existir
las *mediasentrañas*
se desintegran
viento
sueña
    al abatir
        fragmentos
           piedra eterna
               doblado
                 mis piernas
                   al caer
              con manos en tierra
          cubriendo
       sombra

CENIZA

sombra pensamiento
en que tus manos
se estremece el ser
hace al olvido, palabra;

cuerpo
suspiro
frío
hincado en oración

a seres inmortales

de luz a luz

COSMOS-LUZ

Ausencia
desconsuelo
         nace en soledad

aquí, rompe los cuernos de la Luna
eco
de miedo

Nostalgia,
tapada en el polvo
por la sugestión

manto lunar

                    Camino
                 de olas las
                    lunares

              ensangrienta
        plexo
                       vientre
                       esperanza;

        corre demencia hilada
   a espacios sin fin

   sueño
   do revelas tu seno
   que se rompe

   -rezo blanco-

   Delirio

           rincón que no es de aquí

Curva línea en
vientre
        en los labios

perdiendo
gotas de azogue

las cicatrices de tu
lengua
      extinta

          el camino
          no termina
          en inclinación

mis dedos

La sombra bifurcada

       fragmenta la húmeda
memoria

duerme
en ser
universal

con tus manos
suspende el lienzo

en la faz

               seno
     demencial
     cuerpo;

     en blanco

TIFÓN

Ímpetu la lluvia
en tus labios

cada instante

Sujeta el
 viento en tu pelo

calla ante la corona
estigmatizada

en fuego
eterno

AÚLLA

el cielo
sosteniendo
Cantos
incoherentes

el plexo del ángel
impregna
color
ausente

mi sombra arde
palpitando
vías solares

desfragmenta
Onda
de polvo

BRISA

Camina a ciegas;
la mejilla seca
invaden la mente

anhelo

roza mi boca

se esconde;
una araña en tu pecho
inyectado

veneno

RITUAL

No ocupé
ni hombre,
o fantasma;

toda realidad

extinta
en tus hombros;

las oraciones
todas dirigidas
de sacrificio
fuego y sueño
  es danza demente

SI MUERO

tengo más

la agonía
 raquítica
ilumina
mil años

Yerto
arco de Venus
templo
para el silencio

SILENCIO

que en el tiempo
te estremeces

Pecho

Sol
                  Noche

espíritu
solar en mis manos

tu expresión

fatal

latente
empapa tu velo en mis alas
perpetuado

piel ceniza
        en mi sangre

BLANCA

ausencia
la hoja
baja
aclamando
al cabello
que agoniza
en tu nombre

las manos

exploran
la piel
en tus ríos
congelados

tormento
estrella
desconsuelo
fantasma

SE ALARGA

mi sombra

pecho

      piernas

                        sexo

quimera fugaz

cálido
especula

                                   Dios

en flamas de;

calma espiritual

Y tú

VIVEN LAS AVES

                    bajo
del caos cubiertas
  con céfiro
                    claman brisa

La voz elixir

      piensa
          en quimeras
desechas de tiempo

Uno
                la luz
                interna reside
        en la mirada

se extiende
        de forma vertical

        sueño

ARCA

Expande
universos

       que se

             vuelven

      en el íntimo
      tiempo

      la primera nota

     escarlata
     de alas escurridizas

ESTIGMA

abre ondeando
en el dolor que
permanece dormido

no olvidas ante el espejo
las manchas de sangre
de tu nariz
rosa

Musita
en mis manos
el vicio
extraño de la aurora
reminiscente

DIFUMINA

nocturna
en la cara
soporífera,
                en recelo
arqueando las venas
rasga
silencio en la lengua abismada

se escucha en eco agobiado

arranca la mirada

inquieta
                vuela
                        en filo
                                agraciado de palabra
                        seremos de nuevo
                        vestigio aniquilado
                        de verbo
                        amoratado
                        me verás caer
                de tu primera letra
        donde se marca tu cuerpo
estéril

POLAR I

Arranca
mi cuerpo
de tus labios
abre mi flor
sueño
         con la finitud
            de los cuerpos

Abre los ojos.
Abre.

ÍNDICE